A Gabin, que acaba de nacer y ya siente curiosidad por los misterios del mundo.
Afectuosamente, C. J.

Ilustraciones:

Baptiste Amsallem

Laurent Simon

Marie Paruit

Didier Balicevic

Mélisande Luthringer

Marion Piffaretti

¡Gracias, Didier, por las bellas ilustraciones de las presentaciones de los capítulos!

Créditos fotográficos

SHUTTERSTOCK: 10 Hurst Photo (abanico); **14** Aksenova Natalya (pastel); **20** Little Paul (globo aerostático); **22** Alvydas Kucas (parapente), ZARAGOZA (avión supersónico); **23** jennyt (ala delta), Sergey Kohl (cohete); **28** onair (cubito de hielo); **36** ifong (gota de agua), **37** Triff (microscopio), Anton Kozyrev (zapatero); **38** simm49 (pinza de la ropa), onair (cucharilla); **39** prapass (plastilina), DenisMArt (botella de agua), Smileus (pluma); **42** fboudrias (volcán); **44** MarcelClemens (Tierra); **46** Ozerov Alexander (arcoíris); **50** Cristian Cestaro (Luna); **60** red-feniks (torre Burj Khalifa); **74** Stu49 (bombilla); **79** Konjushenko Vladimir (olla a presión), guteksk7 (ordenador), Anton Gvozdikov (cafetera); **80** Mega Pixel (imán), Dan Kosmayer (canica), AlexLMX (clip), Andrey Lobachev (monedas), Seregam (cuchara), bioraven (goma); **89** Oleg Krugliak (teléfono A), v74 (teléfono B), Shelly Still (teléfono C), Johanna Goodyear (teléfono D); **90** Littlekidmoment (niño); **91** eveleen (siete verde)
UNIVERSCIENCE / C. Rousselin: **73** (Exposición de electroestática, 2013).

Título original: *Je fais des sciences*
© Editions NATHAN, París, Francia, 2018
Todos los derechos reservados.
© de la traducción española:
EDITORIAL JUVENTUD, S. A., 2020, Provença, 101 - 08029 Barcelona
Traducción de Raquel Solà

Primera edición, 2020
ISBN 978-84-261-4622-9
DL B 12829-2020
Núm. de edición de E. J.: 13.916
Impreso en España - *Printed in Spain*

¡Esto es ciencia!

Texto:
Cécile Jugla y Jack Guichard,
exdirector del Museo de las Ciencias
Palais de la Découverte de París

JUVENTUD

Índice

El agua — 24

¿Qué es el agua? 26

¿Cómo se hace
un cubito de hielo? 28

¿Adónde va el agua
cuando llueve? 30

¿Qué se mezcla con el agua? 32

¿Permeable o impermeable? 34

¿Por qué el agua forma gotas? 36

¿Flota o se hunde? 38

El aire — 8

¿Cómo sabemos que hay aire? 10

¿El aire pesa? 12

¿Por qué la vela se apaga cuando
soplamos? 14

¿El aire puede impulsarnos? 16

¿Qué es el viento? 18

¿Cómo se eleva
el globo aerostático? 20

¿Qué máquinas vuelan
en el aire? 22

La tierra y el cielo — 40

¿Qué es un volcán? 42

¿Por qué existen
el día y la noche? 44

¿Cómo se forma un arcoíris? 46

¿Cómo se hace una sombra? 48

¿Por qué la Luna
cambia de forma? 50

¿Cómo se vive en el espacio? 52

Construir — 54

- ¿Es fuerte el papel? 56
- ¿Cómo levantar cosas pesadas? 58
- ¿Podemos construir hasta el cielo? 60
- ¿Por qué el puente no se cae? 62
- ¿Cómo conservar el calor? 64
- ¿Cuál es la construcción más sólida? 66

El sonido y las imágenes — 82

- ¿Qué es el sonido? 84
- ¿Cómo se propaga el sonido? 86
- ¿Cómo hacer un teléfono? 88
- ¿Cómo ven tus ojos? 90
- ¿Nuestros ojos nos engañan? 92

La electricidad y la fuerza de los imanes — 68

- ¿Cuándo nos da un «calambrazo»? 70
- ¿Cómo divertirse con la electricidad estática? 72
- ¿Por qué se enciende la bombilla? 74
- ¿Cuándo pasa la corriente? 76
- ¿Qué funciona con electricidad? 78
- ¿Qué cosas atrae un imán? 80

¡Realiza los experimentos con un adulto!

El aire

¿Cómo sabemos que hay aire?

El aire es invisible. Pero...

Si agitas un abanico cerca de la cara, sientes que el aire se mueve.

Cuando soplas un globo, se infla: se llena con el aire de tus pulmones.

Puedes notar la piel del globo tensa por el aire que contiene.

Si pinchas el globo en un balde de agua, las burbujas salen por el agujero: es el aire que se escapa.

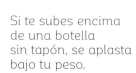

¡Sucede lo mismo cuando soplas en el agua con una pajita!

Si te subes encima de una botella sin tapón, se aplasta bajo tu peso.

Botella sin tapón

Botella bien tapada

Pero si te subes encima de una botella tapada, esta resiste tu peso gracias al aire que contiene.

Actividad

Hago una campana de aire

❶ Pongo una **servilleta** de papel bien apretujada en el fondo de un **vaso**.

❷ Pongo el vaso boca abajo dentro de un **bol lleno de agua**.

❸ Saco el vaso. La servilleta todavía está seca.

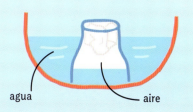

agua — aire

❹ El aire atrapado en el vaso impidió que el agua subiera.

¿El aire pesa?

Humm... ¡Vamos a pesarlo!

1. Esta pelota pesa 840 gramos.

2. La desinflo: introduzco un pequeño destornillador en la válvula y presiono.

3. La pelota ahora pesa 800 gramos. Ha perdido 40 gramos: ¡el peso del aire!

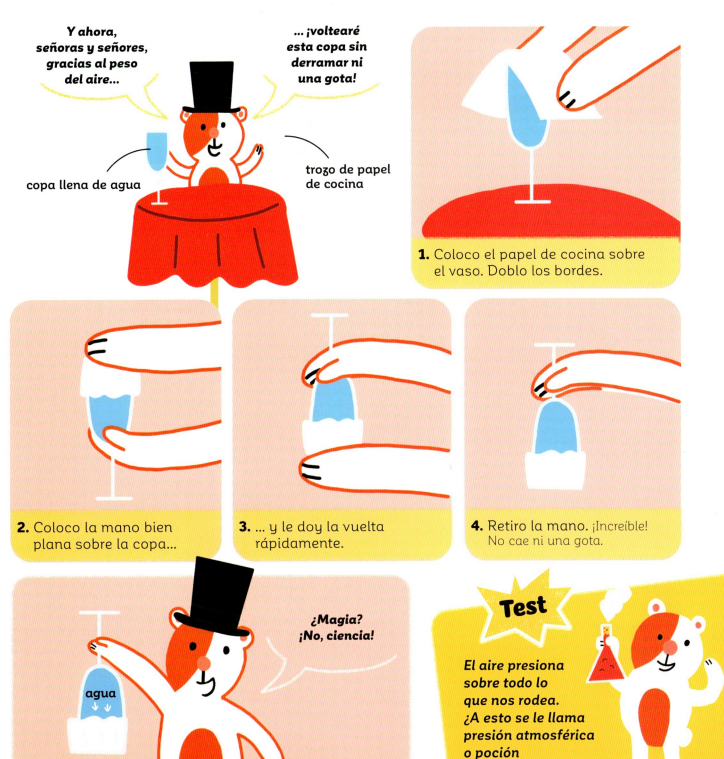

¿Por qué la vela se apaga cuando soplamos?

1 La vela se apaga si soplas fuerte. Envías una corriente de aire fresco, y este quita el calor que necesita la llama para arder.

¡Sin calor, me apago!

2 Pero si soplas con suavidad, reavivas la llama. Como cuando se reavivan las brasas con un fuelle.

3 De hecho, para arder, la llama necesita un gas que el aire contiene: el oxígeno.

¡Yo soplo, pero la vela no se apaga!

4 A propósito, para apagar un fuego, no hay que soplar...

5 ... sino quitarle el aire, por ejemplo, cubriéndolo con un paño mojado.

Actividad

Apago una llama

1 Tomo **3 velas** y **3 tarros** de distinto tamaño: uno pequeño, uno mediano y uno grande.

2 Enciendo las velas con un adulto y coloco los tarros encima.

3 ¿Qué vela crees que se apagará primero?

4 La que está debajo del tarro pequeño: tiene menos oxígeno y se apaga antes.

¿El aire puede impulsarnos?

¡Claro! ¡Hagamos barcos de vela!

 ½ cáscara de nuez
 plastilina
 1 pajita

1 triángulo de papel (3 cm × 4 cm)

1 mondadientes

1. Clavo el mondadientes en la vela. Luego la fijo en la cáscara de nuez con la plastilina.

2. Pongo mi barco en un barreño de agua o en el lavabo del baño.

3. Con la pajita, soplo aire sobre la vela para hacer avanzar mi barco.

¡Y ahora, haremos un **teleférico a reacción**!

- 1 globo
- 1 hilo de coser de 5 m de largo
- 1 trozo de pajita de 5 cm
- 1 pinza de la ropa
- cinta adhesiva

1. Inflo el globo. Cierro la boquilla con la pinza de la ropa.

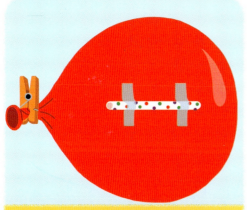

2. Con la cinta adhesiva pego la pajita en un lado del globo.

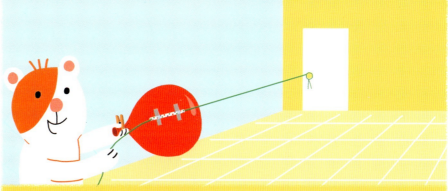

3. Ato un extremo del hilo al pomo de una puerta y hago pasar el otro extremo por la pajita. Lo sostengo bien tenso.

El aire que se escapa por detrás propulsa el globo.

4. Quito la pinza de la ropa. ¡Fiu! El globo se desinfla y sale disparado.

¿Lo sabías?

El avión a reacción funciona un poco como tu teleférico. El aire entra por la parte delantera del reactor. Es acelerado y proyectado hacia atrás, haciendo que el avión avance.

Los aerogeneradores fabrican electricidad gracias a la fuerza del viento que hace girar sus hélices.

Cuando el viento sopla fuerte, forma olas en el mar.

El viento puede deformar un árbol a fuerza de soplar.

El viento infla las velas del carro a vela y de los veleros: las empuja y hace que avancen.

Actividad

Hago un molino de viento

tapón de corcho
palillo de brocheta

1 Pido a un adulto que clave un **palillo de brocheta** en un **tapón de corcho**.

separador

2 Corto un cuadrado en un **separador de plástico**. Dibujo las líneas y las recorto en 2/3 de su longitud.

clavo
cuenta de collar

3 Hago agujeros en el centro y en cada punta. Ensarto una **cuenta** en un **clavo**.

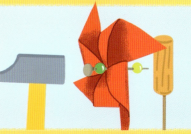

4 Doblo cada punta y clavo el clavo en el centro. Pongo **otra cuenta** en la punta del clavo y lo clavo en el corcho.

El aire caliente del globo es más ligero que el aire frío exterior: el globo se eleva.

4

Ocupan más lugar porque el aire se dilata y hace que el globo se infle.

3

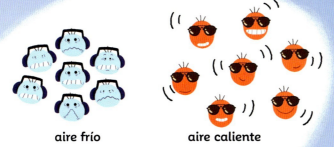

aire frío   aire caliente

2 Cuando las moléculas, esos pequeños elementos que componen el aire, se calientan, se alejan unas de otras...

Actividad

Inflo un globo calentando el aire

❶ Coloco **un globo** en el cuello de **una botella vacía**.

❷ Meto la botella en **un bol lleno de agua muy caliente**. El aire de la botella se dilata y el globo se infla.

¿Qué máquinas vuelan en el aire?

El **planeador** es un tipo de avión pequeño sin motor.

El **ultraligero** es un planeador motorizado de poco peso: su motor a hélice está colocado detrás del sillón del piloto.

El **parapente**

Las palas del **helicóptero** giran para que este se eleve y se desplace. Puede mantenerse quieto en el aire.

El **avión supersónico** vuela a más de 2.000 km/h, más rápido que el sonido en el aire. ¡Y eso provoca un boom sónico!

Gracias a sus potentes reactores, el **avión comercial** transporta a muchos pasajeros en el aire.

La **avioneta** se parece a los primeros aviones: vuela gracias a sus alas y la rotación de su hélice.

El **cohete** tiene un motor ultrapotente que le permite ir muy lejos en el espacio.

El **ala delta** no tiene motor: planea en las corrientes de aire caliente como el planeador.

¡Indica las máquinas que no tienen motor!

Gracias al **paracaídas** caemos por el aire... ¡a cámara lenta!

Respuesta: el paracaídas, el planeador, el ala delta, el parapente.

Actividad

Hago un helicóptero de papel

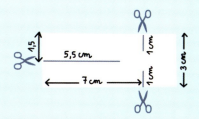

❶ En un **rectángulo de papel de 10 cm por 3 cm**, dibujo todas las líneas azules. Las corto con unas **tijeras**.

❷ Doblo el lado A en una dirección y el lado B en la otra para hacer una hélice. Doblo los lados C y D uno sobre el otro.

❸ Los sujeto con un **clip** para lastrar el **helicóptero**.

❹ Mi helicóptero ya está listo. Lo dejo caer desde lo alto de la escalera o una ventana: ¡las palas giran!

El agua

¿Qué es el agua?

¡Esto moja y salpica!

El agua es **líquida**, puedo verterla en mi vaso. Pero también puede tomar otras formas...

Si hace frío (menos de 0 °C), el agua se congela: se vuelve **sólida**. Es la **solidificación**.

El calor del sol funde el hielo: vuelve a pasar al estado **líquido**. Es la **fusión**.

Con un rotulador, marco el nivel del agua.

El calor transforma el agua en **vapor de agua**, un gas que se evapora en el aire. Es la **evaporación**.

¡Al cabo de varias horas el nivel ha descendido!

Soplo sobre un espejo helado: se forma vaho.

Al contacto con el frío, el vapor de agua que contiene el aire que sale de la boca se condensa en gotitas de agua **líquida**. Es la **condensación**.

Test

Soplo y sale «humo» de mi boca cuando:

A. hace mucho calor
B. hace frío
C. llueve

Respuesta: B. Es el vapor de agua de mi aliento que forma una nube de gotas de agua en contacto con el aire frío.

¿Cómo se hace un cubito de hielo?

Helado corazón

1 Cuando se pone agua líquida en el congelador, que está a menos de 0 °C, se congela.

¡Con agua y frío!

Se vuelve sólida porque las moléculas de H_2O que la componen se unen unas a otras.

2

El agua salada se congela a una temperatura mucho más baja que 0 °C.

3

El hielo es más ligero que el agua líquida. La prueba: ¡el hielo flota!

4

Sucede lo mismo con los icebergs, grandes trozos de hielo de agua dulce que flotan en el mar.

5

El hielo ocupa más espacio que el agua líquida. Pon una botella llena de agua en el congelador: se infla.

6

Test

En ½ hora mi hielo se habrá fundido. ¿Se desbordará el vaso?

Respuesta: **No**, porque cuando el hielo se derrite disminuye su volumen: el cubito derretido tendrá el mismo volumen que tenía la parte sumergida del hielo.

6 El agua de las nubes cae al suelo en forma de **precipitaciones**: lluvia, granizo, nieve.

lluvia: gotas de agua líquida.

granizo: pequeños cubitos.

5 En el cielo, el vapor de agua se condensa (se vuelve líquido) para formar una **nube**.

la **nube** está formada por minúsculas gotitas de agua (o cristales de hielo)

río

arroyo

4 Cuando el sol calienta el agua del mar, de los ríos, de las plantas, se evapora: se convierte en **vapor de agua** que sube al aire.

Actividad

Hago llover

❶ Pido a un adulto que vierta agua **hirviendo** en un **bol** transparente. Se evapora y se convierte en vapor de agua.

❷ Enseguida cubro el bol con un film de plástico y pongo encima unos **cubitos**. El film de plástico se enfría.

❸ A su contacto, el vapor de agua se condensa: la parte inferior del plástico se cubre de gotas de agua...

❹ ... que caen en forma de lluvia.

¿Qué se mezcla con el agua?

1. Pongo un terrón de azúcar en un vaso de agua.

2. El agua y el azúcar se mezclan: ya no vemos el azúcar.

3. Pero el azúcar sigue ahí: ¡el agua está azucarada! He obtenido una **solución**.

4. Echo arena en un vaso de agua. La remuevo con una cuchara.

5. Los granos de arena se dispersan en el agua, pero los vemos...

6. La arena enseguida cae al fondo. Es la **decantación**.

7. Vierto lentamente aceite en un vaso de agua y remuevo.

8. El aceite forma unas gotitas en el agua. Es una **emulsión**.

9. El aceite, más ligero, acaba subiendo y flota sobre el agua.

Actividad

Hago un cóctel en tres pasos

1 Vierto **jarabe de fresa** en el fondo de un vaso.

2 Vierto con cuidado **zumo de naranja** inclinando bien el vaso.

3 Añado agua con **colorante alimentario** azul (siempre con el vaso inclinado).

Explicación: cuanto más pesado es el líquido, más al fondo se queda.

¿Permeable o impermeable?

¡Mi suéter está todo mojado, pero las gotas de agua resbalan por tu chubasquero!

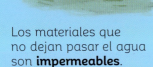

Los materiales que no dejan pasar el agua son **impermeables**.

Los que absorben el agua son **permeables**.

La **miga de pan** absorbe el agua: es permeable.

La **esponja** también es permeable.

Pero cuando está empapada de agua, la esponja ya no absorbe: hay que escurrirla.

La **arena** de la playa "bebe" el agua de mi regadera...

Cuando bebe demasiada agua se forma un charco por encima.

La **arcilla** es impermeable. No deja pasar el agua, que forma un charco.

La **tierra** absorbe el agua. Después, las raíces de la tomatera absorben el agua que necesita para vivir.

¡Te toca a ti!

¿Tú qué crees, estos materiales son permeables o impermeables? ¡Haz la prueba!

A. la tiza

B. el algodón

C. el carbón

D. el azúcar

E. la plastilina

F. la lana

Respuesta: B, D, F son permeables. A, C, E son impermeables.

¡Gota con lupa!

Esto es la molécula de agua H_2O vista al microscopio.

- 2 átomos de hidrógeno (H)
- 1 átomo de oxígeno (O)

En la gota, las moléculas se atraen entre sí.

En el borde de la gota aún se atraen más y forman una "piel" elástica.

"piel" del agua

Pimienta mágica

1. Echo **pimienta** en un **plato lleno de agua**: se queda sobre la "piel" del agua.

2. Pongo un dedo cubierto con **lavavajillas** en el plato.

3. ¡La pimienta se aparta! El líquido lavavajillas ha "roto" la "piel" del agua y ha repelido la pimienta.

Un clip sobre el agua

- trozo de papel de cocina

1. Con un **trozo de papel de cocina**, pongo suavemente un **clip** sobre el agua.

2. El papel de cocina se hunde. ¡La "piel" del agua aguanta el clip!

¿Lo sabías?

Con sus patas cubiertas de pelos, el zapatero se desliza sobre la "piel" del agua sin romperla.

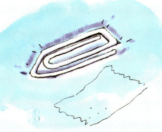

¿Flota o se hunde?

Pongo cada uno de estos objetos en un barreño. ¿Qué sucede?

A. un tapón de corcho

B. una cuchara de acero inoxidable

C. una pinza de plástico

D. una pinza de madera

Los materiales ligeros (corcho, madera...) flotan. Los más pesados (acero inoxidable, metal, plástico...) se hunden.

E. una llave de metal

F. una cerilla

G. una pluma

H. una bola de plastilina

I. un barco de plastilina

La forma del objeto también favorece que flote... o se hunda.

¡El aire que contiene es también muy útil para flotar!

J. una botella de agua vacía

K. una botella de agua llena

Respuestas: A, D, F, G, I y J flotan. B, C, E, H y K se hunden.

Actividad

Hago bailar las uvas pasas

❶ Pongo **uvas pasas** en un vaso de **agua con gas**. Se mueven... ¿Por qué?

¡Je, je, suben rápido!

❷ Las burbujas de aire se pegan a la pasa y la hacen más ligera: sube.

¡Ooooh!

❸ En la superficie, el aire se escapa. La uva vuelve a ser más pesada que el agua: se hunde. Y vuelta a empezar...

aire — el submarino sube — agua expulsada

❹ Para subir, el submarino hace como las uvas: inyecta aire en sus lastres.

La tierra y el cielo

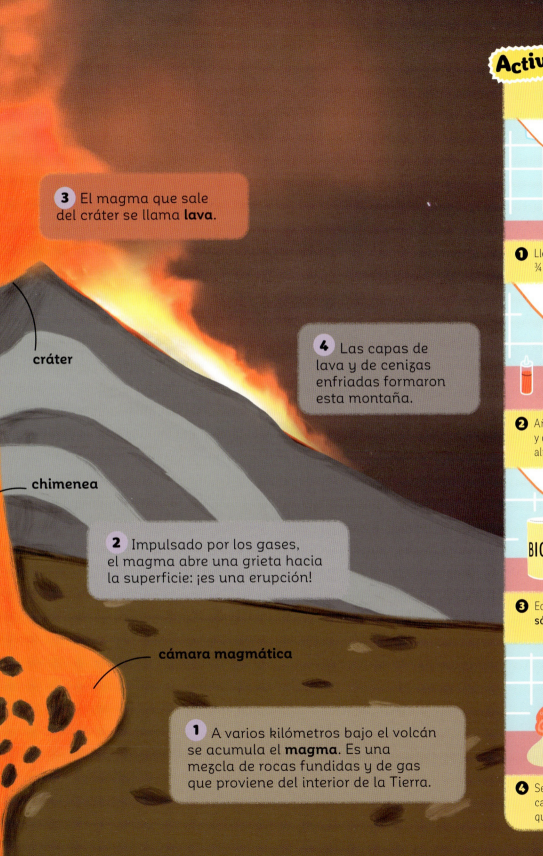

3 El magma que sale del cráter se llama **lava**.

cráter

4 Las capas de lava y de cenizas enfriadas formaron esta montaña.

chimenea

2 Impulsado por los gases, el magma abre una grieta hacia la superficie: ¡es una erupción!

cámara magmática

1 A varios kilómetros bajo el volcán se acumula el **magma**. Es una mezcla de rocas fundidas y de gas que proviene del interior de la Tierra.

Actividad

Creo una erupción volcánica

❶ Lleno con **vinagre blanco** ¾ partes de un **botellín de plástico**.

❷ Añado **colorante alimentario rojo** y construyo mi volcán con **arena** alrededor de la botella.

❸ Echo 3 **cucharadas de bicarbonato sódico**, que reacciona con el vinagre...

❹ Se desprende un gas: el dióxido de carbono. Ocupa mucho lugar y hace que el líquido se desborde.

¿Por qué existen el día y la noche?

Cuando el Sol se pone, parece que se sumerja en el horizonte. Sin embargo, no se mueve...

¡Eso es debido a que el Sol, nuestra estrella, emite mucha luz!

2 Es la Tierra la que gira sobre sí misma en 24 horas.

3 La mitad de la Tierra está iluminada por el Sol: es de día. En la otra mitad es de noche.

4 Si no duermes, por la noche a simple vista verás unas 6.000 estrellas, ¡pero hay miles de millones!

5 De día, las estrellas siguen en el firmamento, pero la luz del Sol nos impide verlas.

Hago el día y la noche

Pego una pegatina en una pelota de pimpón. En la oscuridad, ilumino la pelota y la hago girar sobre sí misma: mi pegatina pasa del día a la noche y de la noche al día.

¿Cómo se forma un arcoíris?

¡Con sol y lluvia aparezco como por arte de magia!

Para ver un arcoíris...

Es preciso que haya gotas de agua en el cielo y que el sol esté a media altura detrás de ti.

No puedes tocar el arcoíris. Es un efecto óptico. Si tú avanzas, él retrocede.

¿Cómo funciona?

La luz del sol nos parece blanca, pero está formada por diferentes colores.

Las gotas de agua separan los colores. Decimos que «descomponen» la luz.

El científico Newton distinguió 7 colores en el arcoíris: rojo, naranja, amarillo, verde, azul, añil y violeta.

Vemos estos colores en las pompas de jabón, las manchas de aceite, en la acera o en los CD.

Actividad

Creo un arcoíris

❶ Con el sol a mi espalda, pulverizo agua delante de un seto o de algo oscuro.

❷ Me muevo para encontrar el ángulo que me ayude a ver el arcoíris...

❸ También lo puedes hacer con una manguera en posición de «gotas finas»...

❹ ¡O con un prisma óptico, como este!

¿Cómo se hace una sombra?

1. Me coloco entre una lámpara encendida y la pared: aparece mi sombra.

2. Mi sombra es negra, ya que mi cuerpo no deja pasar la luz.

3. ¡La luz atraviesa mis vasos y las sombras son de colores!

4. Si me ilumino con una luz a cada lado, ¡tengo 2 sombras!

Con tus dedos y una linterna, puedes hacer estas sombras chinescas:

5. Si me acerco a la luz, mi sombra es ancha.

6. Si me alejo, mi sombra es alargada.

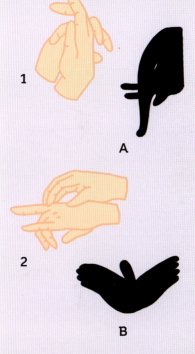

7. Solo hay un modo de dejar mi sombra: ¡saltar!

8. O apagar mi lámpara: ¡sin luz no hay sombra!

Relaciona los dedos con sus sombras.

Respuesta: 1C; 2A; 3B

2 Ves la Luna desde la Tierra porque refleja la luz del Sol.

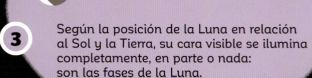

3 Según la posición de la Luna en relación al Sol y la Tierra, su cara visible se ilumina completamente, en parte o nada: son las fases de la Luna.

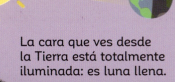

4 La cara que ves desde la Tierra está totalmente iluminada: es luna llena.

5 La cara que ves desde la Tierra está medio oculta en la oscuridad. Solo ves un «cuarto de Luna».

Actividad

Creo las fases de la Luna

A oscuras, delante de una lámpara, doy vueltas sobre mí mismo sujetando una pelota en alto.

Observo las diferentes fases de «mi» Luna.

¿Cómo se vive en el espacio?

Nona viste una escafandra que le proporciona oxígeno.

No hay camas. El saco de dormir se cuelga en cualquier pared: no hay arriba ni abajo.

Imposible beber de un vaso: ¡el agua formaría bolitas flotantes!

En el exterior todo es silencioso. Como no hay aire, los sonidos no se transmiten.

Se atan a los servicios, que aspiran directamente el pipí y la caca.

Los astronautas flotan porque no hay gravedad que les atraiga hacia abajo: están en ingravidez.

Se limpian con toallitas porque no puede correr el agua.

Estos astronautas viven en un módulo de la Estación Espacial Internacional (ISS en inglés).

¡Te toca a ti!

¿Qué podrías llevarte para comer en la ISS?

A
B
C
D
E
F
G

¡Ñam!

Respuesta: A, B, C, F, G.
El sándwich y la galleta están prohibidos porque desprenden migas.

Construir

¿Es fuerte el papel?

¡Parece frágil! Pero...

1. Intercalo las páginas de un libro grueso con las de otro libro grueso.

2. Tiramos cada uno de un libro... ¡La fuerza de fricción hace que se peguen las páginas!

¡Y ahora aún más fuerte!

4 hojas de papel

cinta adhesiva

libros

1. Enrollo una hoja de papel y la sujeto con cinta adhesiva.

2. Así hago 4 rollos de papel que pongo en el suelo.

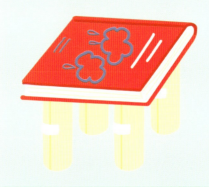

3. Coloco un libro sobre mis pilares de papel.

4. Después pongo otro y otro más…

¡Increíble! ¡Mis pilares soportan una montaña de libros!

¿Lo sabías?

El cartón es un papel grueso y sólido. ¡Enrollado aún lo es más!

borde enrollado

Por eso se enrolla el borde de los vasos de cartón.

También se pega una lámina de cartón ondulado entre 2 capas de cartón grueso: es el cartón ondulado.

¡Se utiliza para fabricar sillones… muy resistentes!

¿Cómo levantar cosas pesadas?

Dos obreros llevan una **parihuela** cargada de piedras: el peso se divide entre 2.

Se necesitan 4 hombres para levantar esta piedra. Con la **palanca**, con uno es suficiente.

Cuanto más larga sea la tabla donde se apoya, más fácil será levantar la piedra.

Andando un buen rato en la **rueda de la grúa**, el obrero hace que se enrolle la cuerda que sube la piedra.

Se necesitan 10 hombres para levantar esta piedra. Con el **cabrestante** basta con uno.

Un obrero sube por el andamio con una tina de mortero sobre sus hombros.

mortero para «pegar» las piedras entre sí.

Actividad

Construyo una palanca

❶ Pongo **una regla** sobre una **barra de pegamento** como en el dibujo. Pongo **3 azucarillos** en un extremo.

❷ Pongo 3 azucarillos en el otro extremo: la regla se levanta.

❸ Pongo la regla sobre la barra como en el dibujo con 3 azucarillos.

❹ Pongo un solo azucarillo en el otro extremo: la regla se levanta.

Buenas bases

¡Con sus 160 pisos de viviendas, la torre pesa como 100.000 elefantes!

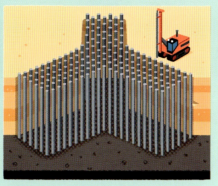
Para soportar su peso excavaron un hoyo muy profundo y sepultaron pilares de acero.

Después vertieron una gran losa de hormigón. Son los cimientos que sostienen el edificio.

De abajo a arriba...

La torre es muy ancha en la base. Después más y más estrecha hasta llegar a lo más alto.

Es normal: la base debe ser resistente para soportar el peso de los pisos que tiene encima... ¡como una pirámide humana!

¡Construye una torre muy alta con tablas!

Esta es la técnica que utilizan los «especialistas»:

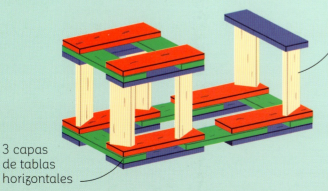

tablas verticales colocadas oblicuas

3 capas de tablas horizontales

¿Lo sabías?

La torre más alta construida con tablas mide 18 m, ¡como un edificio de 6 pisos! Se necesitaron 10.000 tablas para construirla.

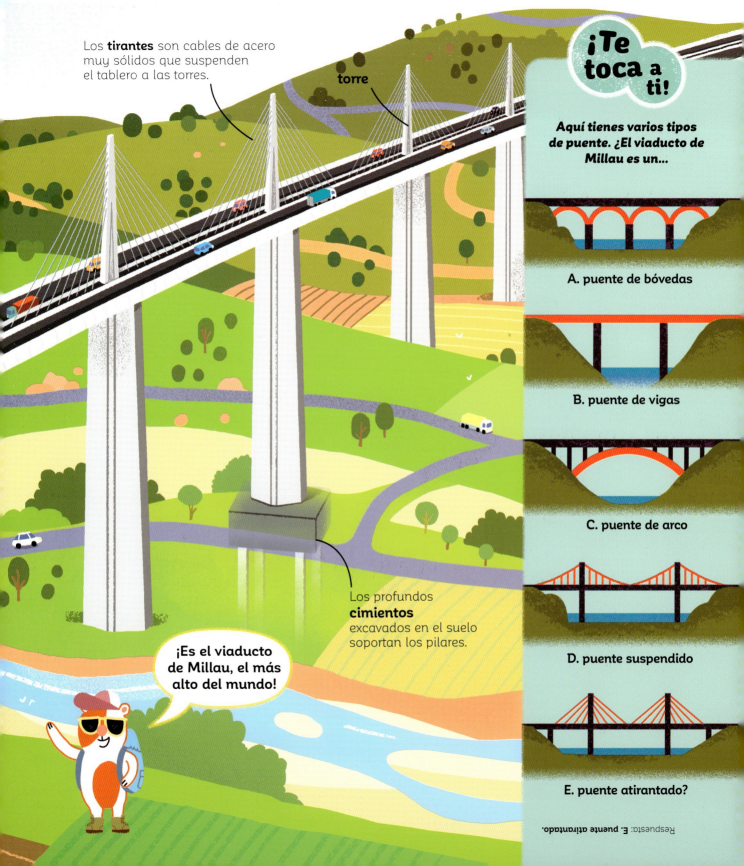

¿Cómo conservar el calor?

2 botellitas vacías

1 calcetín de lana

1. Lleno 2 botellitas con agua caliente.

2. Pongo la botella nº 2 en el calcetín.

3. Espero 1 hora… y después comparo la temperatura de las 2 botellas.

4. El agua de la botella 1 se ha enfriado... mientras que la de la botella 2 aún está caliente.

5. Mi calcetín de lana conservó el calor atrapando el aire.

6. Decimos que la lana es un material aislante.

7. ¿Y si probamos con 2 botellas de agua muy fría?

¿Qué crees que pasará?

Respuesta: El agua de la botella que está en el calcetín sigue muy fría, mientras que el agua de la otra botella se calienta.

¡Te toca a ti!

¿Cuáles de estos materiales crees que son aislantes?

A. las plumas

B. el poliestireno

C. el metal

D. la paja

E. el plástico

F. la lana

Respuesta: A, B, D, F son aislantes.

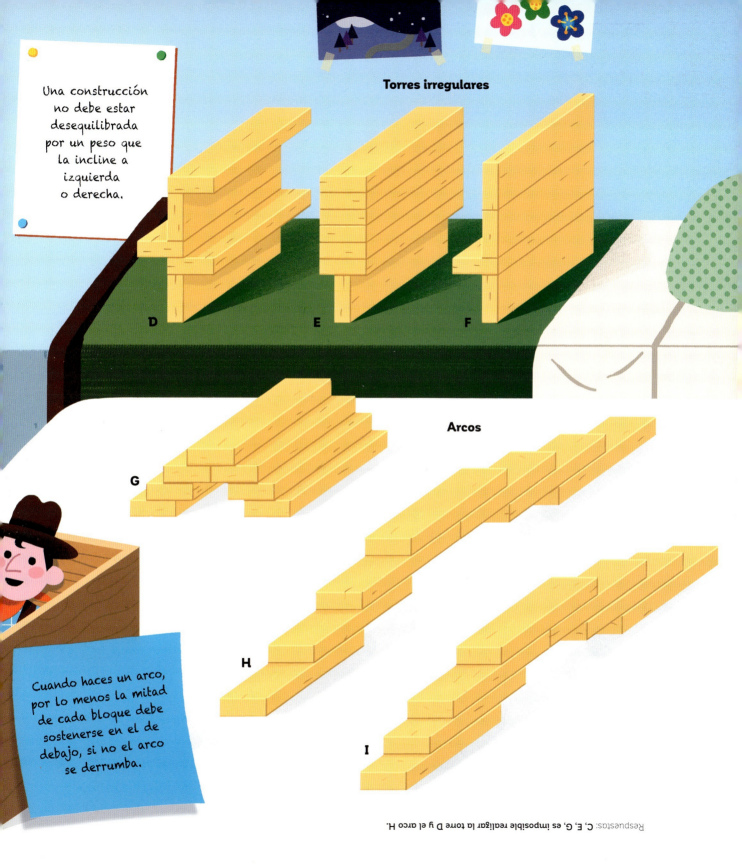

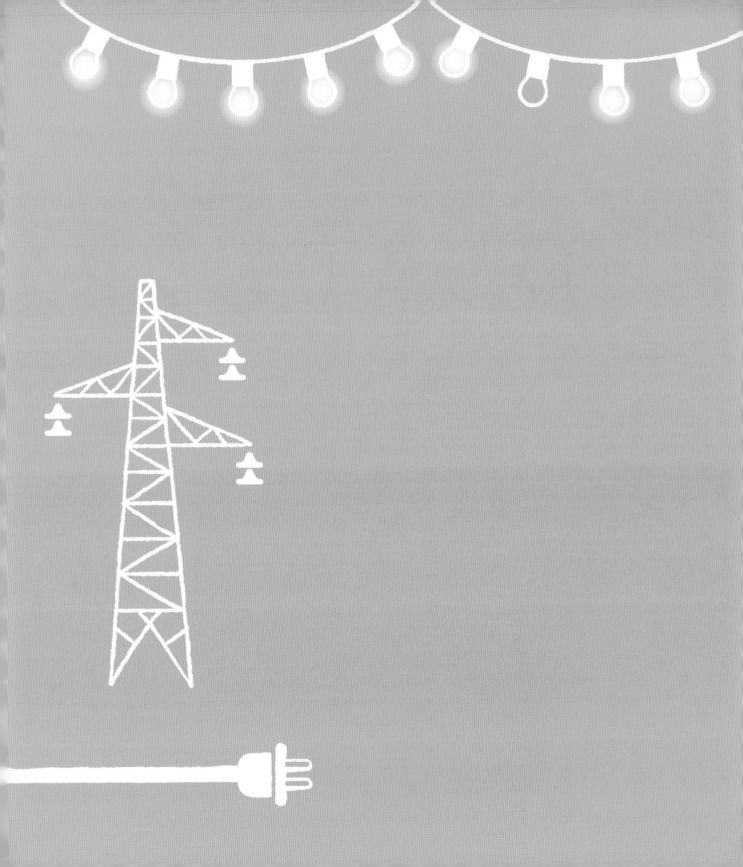

Los tejidos sintéticos,
la lana, los pelos de un gato
que se frotan entre ellos
también crean esta electricidad.

La vemos en la oscuridad:
se produce una chispa.
Y hasta se oye el ruido.

Es lo que hace que se suba la falda
cuando llevamos pantis.

Pero para que pasen estas
cosas, el tiempo debe ser seco,
porque cuando hay humedad,
la electricidad se escapa por el aire.

De más cerca

❶ Esto es el elemento más pequeño de la moqueta: un átomo con sus electrones.

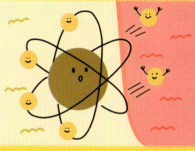

❷ Cuando frotas tus calcetines con la moqueta, arrancan electrones a los átomos de la moqueta.

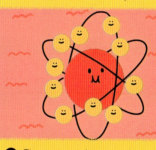

❸ Tienes una sobrecarga de electrones sobre tu cuerpo.

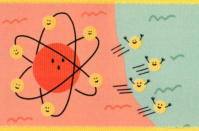

❹ Si tocas a alguien, esta sobrecarga se escapa de golpe hacia la otra persona.

¿Cómo divertirse con la electricidad estática?

¡Je, je!

una regla de plástico

unos globos

una lata

un suéter de lana

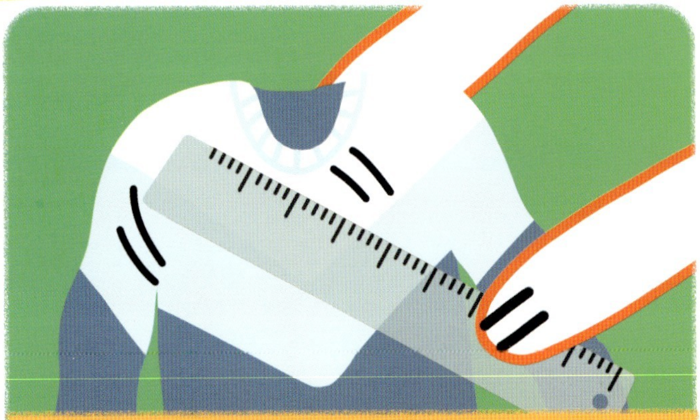

1. Froto la regla contra el suéter para cargarla de electricidad estática.

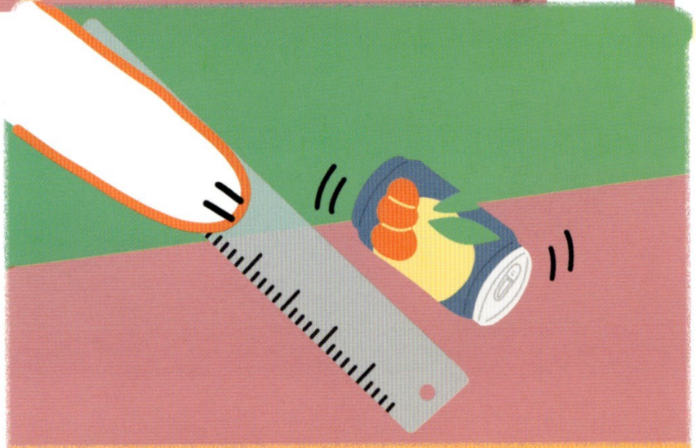

2. Acerco la regla a la lata: ¡se aparta!

3. La regla y la lata se repelen, ya que las dos tienen carga eléctrica negativa.

4. Froto un globo contra el suéter y se carga de electricidad estática.

5. Lanzo el globo con suavidad hacia el techo y se queda pegado a él.

6. Froto otro globo contra el suéter y lo acerco a los cabellos de Tom: ¡se levantan!

7. Cuando los globos se descargan de electricidad estática, los cabellos bajan...

8. ... y el primer globo se despega del techo.

¿Lo sabías?

En el Palais de la Découverte de París, una máquina fabrica electricidad estática que hace levantar el cabello sobre la cabeza. ¡Sorprendente!

¡Hagamos una pila con un limón!

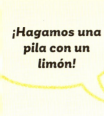

Materiales:
- 1 limón
- papel de lija
- 3 cables eléctricos con 6 pinzas de batería
- 2 monedas de 5 céntimos
- 1 pequeña bombilla LED (en ferreterías)
- 2 clips

1. Presiono el limón sobre la mesa, y lo corto en 2.

2. Quito el barniz de los clips con el papel de lija.

3. Clavo un clip y una moneda en cada medio limón.

4. Conecto los cables eléctricos como en el dibujo.

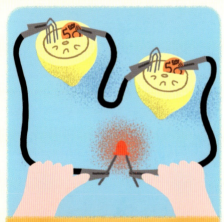

5. ¡Los uno a la bombilla y se enciende!

¿Qué ha sucedido?

electrones — iones

El clip es de zinc y la moneda de cobre. Gracias al zumo de limón, unos pequeños elementos (los iones) pasan del cobre al zinc. Esto crea un movimiento de electrones en los cables: la corriente eléctrica.

¿Lo sabías?

En 1799, Alexandro Volta hizo electricidad apilando discos de cobre y zinc, separados por trozos de tela empapada en agua salada. ¡Había inventado la pila!

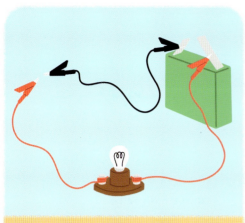

1. Si las pinzas de batería ya no se tocan, la bombilla se apaga.

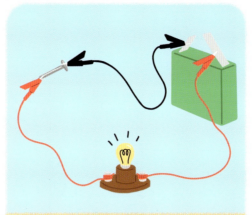

2. Si pongo un clavo entre las pinzas de batería, la bombilla se enciende.

3. Si pongo una mina de lápiz de grafito también se enciende la bombilla.

Los metales y el grafito son conductores eléctricos.

4. Con una regla de plástico o con lana, la bombilla no se enciende.

Estos materiales son aislantes eléctricos: la electricidad no circula por ellos.

Aislantes eléctricos: plástico, madera, papel, tela...

¡Te toca a ti!

Indica los objetos con aislantes eléctricos.

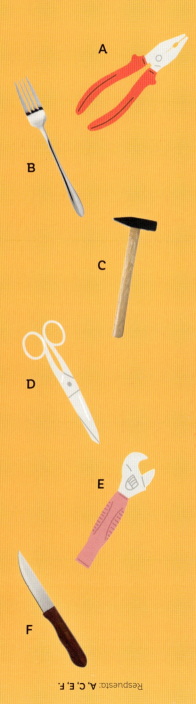

Respuesta: A, C, E, F.

el ascensor

Con su brazo articulado, llamado pantógrafo, el tranvía toma la electricidad del grueso cable que tiene encima: la catenaria.

la catenaria

el pantógrafo

Tranvía

La bicicleta eléctrica está equipada con una batería, así necesita menos energía de nuestros músculos para hacerla avanzar.

¡Te toca a ti!

Señala los objetos que funcionan con electricidad.

A. el aspirador

B. la olla a presión

C. el ordenador

D. la escoba

E. la máquina de café

F. la sartén

Respuesta: A, C, E.

¿Qué cosas atrae un imán?

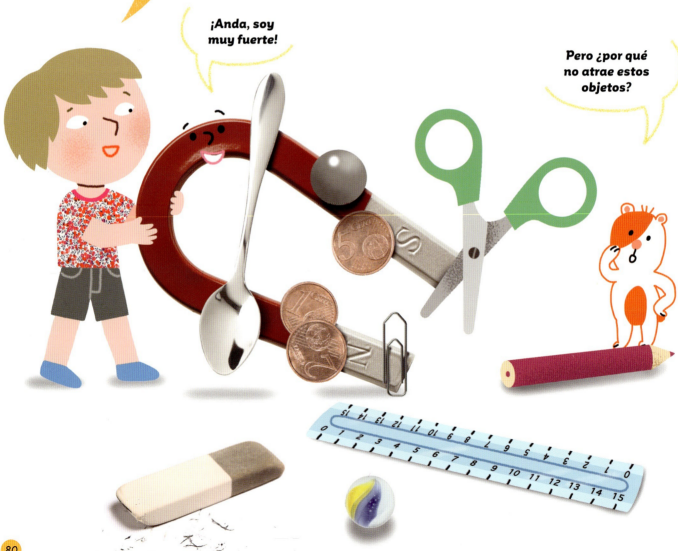

¡Anda, soy muy fuerte!

Pero ¿por qué no atrae estos objetos?

¡Atracción!

El imán solo atrae los objetos que contienen hierro, níquel, cobalto o cromo.

Es el caso de las monedas de 1, 2 y 5 céntimos que son de hierro recubierto de cobre.

¡Esconde un imán entre dos dedos para hacer una cadena de monedas!

Imanes amigo-enemigo

¡Un imán tiene un polo norte y un polo sur!

Si acercas el polo norte de un imán y el polo sur de otro, se atraen.

Intenta acercar los polos sur de 2 imanes sujetándolos con fuerza: verás que se repelen.

Suelta tus 2 imanes: uno de ellos se dará la vuelta para pegarse al otro, el polo norte con el polo sur.

¡Crea tu brújula!

Toma una aguja y colócala 1 minuto sobre un imán.

Haz flotar la aguja sobre el agua (mira pág. 37). Se orienta al norte. Compruébalo con una brújula.

¿Lo sabías?

La brújula es un imán atraído por los polos magnéticos de la Tierra: su aguja siempre señala el norte cuando estamos en el hemisferio norte.

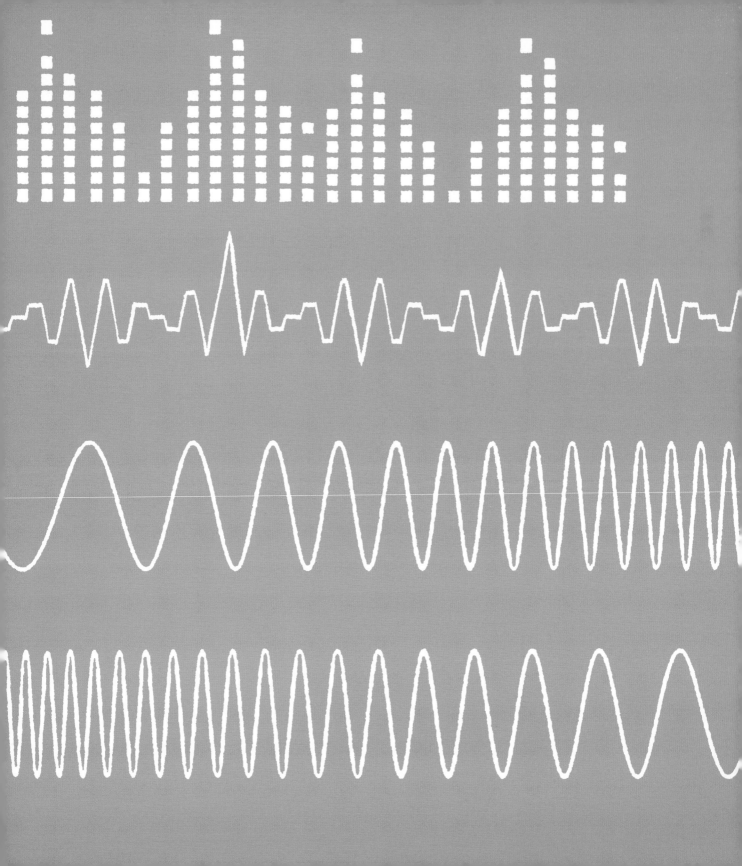

El sonido y las imágenes

¿Qué es el sonido?

¡Vibraciones en el aire!

granos de arroz

Las ondas del sonido hacen vibrar el aire... y la piel del tambor: ¡los granos de arroz saltan!

¡Hola!

Habla mientras te tocas el cuello o las aletas de la nariz: notarás las vibraciones de tu voz.

El sonido viaja por el aire, pero también por la madera, el metal y el agua.

Oigo el tic-tac del despertador en la mesa.

¡Tic-tac, tic-tac!

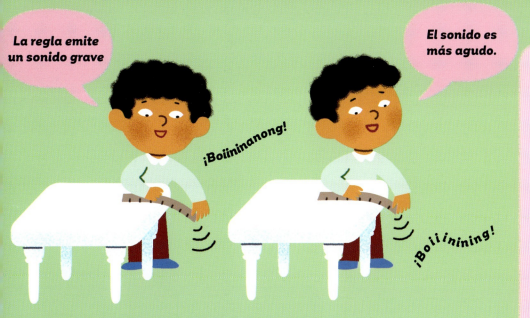

"La regla emite un sonido grave"

"¡Boiininanong!"

"El sonido es más agudo."

"¡Boiiinining!"

Cuanto más sobresalga la regla de la mesa, más grave es el sonido. Mueve la regla para variar el tono del sonido.

"¡Oigo el mar!"

En realidad, la caracola amplifica el ruido de la sangre circulando por los vasos sanguíneos cerca de la oreja.

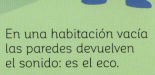

"¡Hola!" "¡Hola!" "¡Hola!"

En una habitación vacía las paredes devuelven el sonido: es el eco.

¡Te toca a ti!

Indica los sonidos graves y los sonidos agudos.

A. el mugido de vaca

B. el silbato

C. el llanto de un bebé

D. el ronroneo de un gato

E. el canto de un pájaro

F. el ruido de un motor

G. la voz de un hombre

H. los platillos

Respuesta: los sonidos graves: A, D, F, G; los sonidos agudos: B, C, E, H.

3. Ben toma un vasito y se lo coloca sobre la oreja.

4. Tiro del cordel hasta que quede bien tenso.

¡Te toca a ti!

Ordena estos teléfonos de más antiguo a más moderno.

¿Me oyes?

5. Ben susurra en su vasito...   ¡Te oigo perfectamente!

¿Diga, quién es?

6. La vibración del sonido circula por el cordel, y luego el vasito de yogur la amplifica.

Respuesta: C (1892), A (1922), D (1970), B (2000).

2 ... y te ayudan a tener equilibrio. ¡Intenta mantener un pie en el aire con los ojos cerrados!

3 En el fondo del ojo, la retina está formada por receptores sensibles a la luz, al rojo, al verde, al azul...

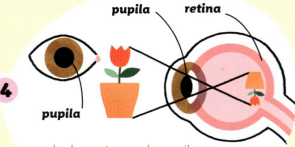

4 La luz entra por la pupila y forma una imagen invertida en la retina.

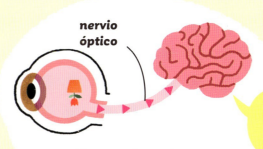

El nervio óptico la transmite al cerebro que la envía del derecho: así ves.

5

6 Por la noche, los receptores sensibles a los colores no funcionan y lo vemos todo gris.

¡Te toca a ti!

¿Qué ves en esta imagen?

Respuesta: Un 7. Si eres daltónico, no ves ni el rojo ni el verde, y no puedes ver el número.

¿Nuestros ojos nos engañan?

1. ¿Cuál es la línea horizontal más corta?

Respuesta: **Ninguna, aunque la de arriba parezca más larga.**

2. ¿Tú qué ves?

Respuesta: **Tu cerebro identifica un jarrón negro sobre fondo blanco, o bien dos caras blancas sobre fondo negro.**

3. ¿Cuántos tablones ves?

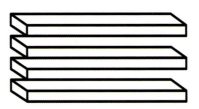

Respuesta: **4 o 3 tablones...** según si observas el dibujo por la derecha o la izquierda.

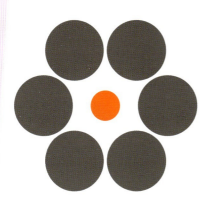

4. ¿Qué círculo naranja es el más grande?

Respuesta: ¡Ninguno! Pero tu cerebro está influenciado por el tamaño de los círculos grises que los rodean...

5. ¿Ves cómo se mueve el centro de la imagen?

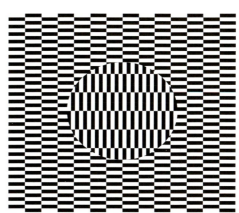

Respuesta: Te da la impresión de que se mueve pero es tu cerebro que dice a tus ojos que se muevan para que no se cansen.

6. Mira fijamente el loro verde y cuenta hasta 15. Después, mira fijamente la jaula. ¿Qué ves?

¡En realidad, es el cerebro el que nos engaña!

¿Estas imágenes se llaman ilusiones ópticas o alusiones ópticas?

Respuesta: Un loro rojo. Los receptores del verde se han cansado y los sensibles al rojo los han «remplazado».

Respuesta: Ilusiones ópticas.